AF357761

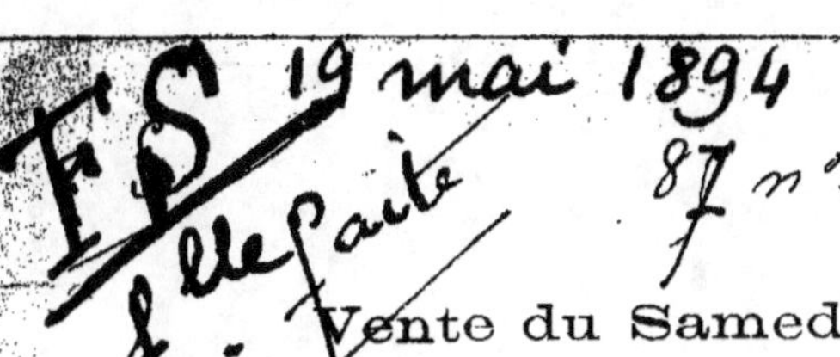

Vente du Samedi 19 Mai 1894

HOTEL DROUOT, SALLE N° 1

à 2 heures 1/2 FF

JOLIE COLLECTION

DE

TABLEAUX ANCIENS

DES

Écoles Française, Flamande, Hollandaise
Italienne, Espagnole et Allemande

PORTRAITS DES XVIᴱ & XVIIIᴱ SIÈCLES

Pastels — Dessins

TABLEAUX MODERNES

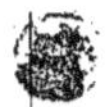

Mᵉ G. DUCHESNE	M. A. BLOCHE
COMMISSAIRE-PRISEUR	EXPERT
6, rue de Hanovre, 6	25, rue de Châteaudun, 25

Chez lesquels on trouve le présent Catalogue.

EXPOSITION PUBLIQUE

Le Vendredi 18 Mai 1894, de 1 heure 1/2 à 5 heures 1/2

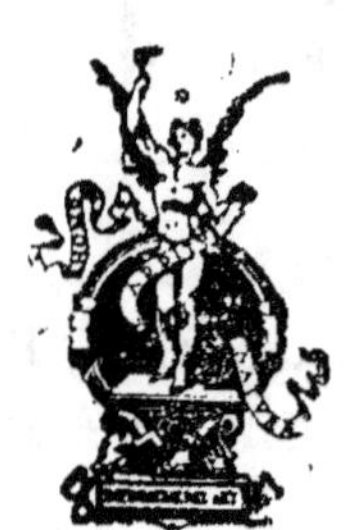

CONDITIONS DE LA VENTE

Elle sera faite au comptant.

Les Acquéreurs paieront *cinq pour cent* en sus du prix d'adjudication, applicables aux frais de la vente.

L'exposition mettant le public à même de se rendre compte de la nature des tableaux, il ne sera admis aucune réclamation une fois l'adjudication prononcée.

Paris. — Imp. de l'Art, E. Moreau et Cie, 41, rue de la Victoire.

DÉSIGNATION

TABLEAUX

ALLEN (G.)

180 1 — *Portraits de femme et enfant.*
Signé et daté 1715.

BACKHUYSEN (Ludolf)

165 2 — *Vue d'un port de Hollande; marine.*

BASSAN (Jacques)

45 3 — *L'Automne.*

BEERSTRAATEN (Jean)

75 4 — *Vue de Hollande.*
Ville avec canal animé de nombreux personnages en traîneaux, patinant et causant par
groupes.
Effet d'hiver.

465

BLAIN DE FONTENAY

5 — *Vase de fleurs.*

BOOTH (École de Jean)

6 — *Paysage boisé et montagneux avec figures
et animaux.*

BOUCHER (D'après)

7 — *Jeux d'enfants et petit faune.*

BOURGUIGNON

8 — *Bataille.*

Composition d'une multitude de figures.

BREUGHEL (Le Vieux)

9 — *La Kermesse.*

Composition de nombreux personnages.

BREUGHEL (Jean)

10 — *Paysage avec figures.*

Beau tableau.

CASTIGLIONE (Jean dit le Beneditto)

11 — *Scène biblique dans un paysage.*

CLOUET (École de)

12 — *Portrait d'un gentilhomme avec armoirie.*

CLOUET (Genre de)

13 — *Portrait du cardinal de Guise.*

COYPEL (Noel)

14 — *Triomphe d'Amphitrite.*

Dessus de porte.
Esquisse.

DEMAY

15 — *Paysage figures et animaux.*

DIEPENBEECK (Attribué à A.)

16 — *Les Disciples d'Emmaüs.*

DROOGSLOOT (Corneille)

17 — *Le Joueur de vielle.*

> Devant une auberge où des paysans et des paysannes sont attablés.

FASSIN (dit le Chevalier)

18 — *Le Repos champêtre.*

> Paysage avec figures et animaux.
> Belle composition harmonieuse de tons et grande finesse de touche.

FRANCK

19 — *Sainte Famille.*

FRANCK

20 — *Samson et les Philistins.*

GÉRARD (Attribué à Mlle)

21 — *Le Sacrifice de la rose.*

HEEMSKERCK (E. Van)

22-23 — *Scènes d'intérieur.*

> Deux pendants.

HOLBEIN (Attribué à J.)

24 — *Portrait d'homme.*

Cadre noir guilloché.

HUET (École de J. B.)

25 — *Pastorale.*

JANSSENS (Victor)

26 — *Vue intérieure d'un château et d'un parc animé de figures.*

KESSEL (Nicolas Van)

27 — *Les Singes faisant la barbe aux chats.*

LACROIX (dit de Marseille)

28 — *Marine.*

LARGILLIÈRE (École de)

29 — *Dame de la cour.*

En riche costume, parant son enfant de perles.
Cadre en bois sculpté.

LARGILLIÈRE (École de)

30 — *Portrait de jeune seigneur en armure.*

LARGILLIÈRE (D'après)

31 — *Petit portrait de femme avec manteau de cour.*

LÉONARD DE VINCI (D'après)

32 — *La Vierge, l'Enfant, saint Jean et l'ange Gabriel.*

Dessin.

LEPRINCE (Gustave)

33 — *Le Retour du marché.*

Petit tableau.

MARIO DI FIORI

34 — *Fleurs dans un vase.*

MARTIN (Jean-Baptiste)

35 — *Les Armées du roi devant une place forte.*

MIGNARD (Attribué à Pierre)

36 — *Anne d'Autriche, Louis XIV enfant et la duchesse de Montmorency.*

> Très beau tableau.
> Cadre en bois sculpté.

MOREAU (Genre de)

37 — *Paysage, figures et animaux.*

MOYNIER

38 — *L'Oise à Conflans; paysage.*

> Salon de 1889.

MURILLO (Attribué à E.)

39 — *Amours dans les nuages.*

NATTIER (Attribué à)

40 — *Grande dame représentée en Diane chasseresse.*

> Beau tableau.

NATTIER (École de)

41 — *Portrait de femme.*

Avec guirlande de fleurs au corsage.

NATTIER (D'après)

42 — *Portrait présumé d'une des filles de Louis XV en religieuse.*

Cadre en bois sculpté et doré.

NETSCHER (Théodore)

43 — *Portrait de femme lisant de la musique.*

NOEL (Jules)

44 — *Vue du Tréport.*

PANNINI (Attribué à)

45 — *Temple en ruines.*

PIERRE (De la)

46 — *Portrait d'homme.*

En habit gris bleuté.
Représenté la tête tournée de trois quarts.
Signé et daté 1784.

PORBUS (Attribué à)

47 — *Portrait de femme en pied.*

Représentée en robe noire avec devant en brocart rouge brodé d'argent, garnie de dentelles et parée de joyaux.

POUSSIN (Attribué au)

48 — *Paysage montagneux.*

Avec cours d'eau animé de bateaux et de figures.

RENDU

49 — *Paysage avec rivière.*

Signé.

RIGAUD (Hyacinthe)

50 — *Portrait du prince de Condé en armure.*

Représenté presque de face.
Cadre en bois sculpté et doré.

RUBENS (D'après)

51 — *Portrait de femme avec collerette.*

SALVATOR ROSA (École de)

52 — *Bataille.*

SEGHERS (Daniel)

53 — *Annonciation.*

Dans un médaillon armorié sur grand cartouche
à ornements avec guirlande et bouquets de fleurs.

SEGHERS (Attribué à Daniel)

54 — *Corbeilles et vase de fleurs.*

SNYDERS (François)

55 — *Fruits, homard, oiseaux, etc.*

SOLARIO (D'après Andréa)

56 — *La Vierge et l'Enfant Jésus.*

TÉNIERS (D'après David)

57 — *La Kermesse.*

TOURNIÈRES (ROBERT)

58 — *Portrait du duc d'Anjou.*

Représenté en costume rouge brodé d'or.
Joli tableau.
Cadre en bois sculpté et doré.

TOURNIÈRES (Attribué à ROBERT)

59 — *Portrait de femme.*

En robe décolletée de brocart gris et manteau
bleu doublé de rose.

TRINQUESSE

60 — *Portrait de grande dame.*

En robe bleue garnie de dentelle, corsage ou-
vert. Manteau rouge sur les épaules Ovale.

VAN DER MEULEN

61 — *Combat du pont de Dournon dans le Dau-
phiné.*

Importante mêlée de cavaliers.
Provenant du château de Mauvilly.
Cadre en bois sculpté et doré avec écusson,
coins fleurdelisés.

VAN DE VELDE (ISAAC)

62 — *Scène de bataille.*

VAN LOO (Attribué à MICHEL)

63 — *Portrait de jeune dame de la cour.*

En robe bleue décolletée garnie de dentelles blanches, ruché au cou, manteau doublé d'hermine. Coiffure haute à la poudre avec rose dans les cheveux.

Cadre ovale en bois sculpté et doré.

64 — *Portrait de dame.*

Coiffée d'un chapeau à plumes, en robe de satin blanc, manteau bleu garni de fourrures.

Pendant du précédent.

Même cadre.

VAN LOO (D'après)

65 — *Portrait de Louis XV, jeune.*

Représenté en armure avec manteau fleurdelisé sur les épaules et bâton de commandement à la main.

VATELET (LOUIS-ÉTIENNE)

66 — *Paysage avec rivière et écluse.*

Signé.

VERNON (Attribué à Paul)

67 — *Paysage.*

WEENIX

68 — *Gentilhomme se préparant à partir pour
la chasse.*

ÉCOLE ALLEMANDE (xvie siècle)

69 — *La Sainte Famille au premier plan et, en
perspective, la Fuite en Égypte.*

ÉCOLE ESPAGNOLE

70 — *Portrait d'homme en costume Henri II.*

ÉCOLE FLAMANDE (xvie siècle)

71 — *Le Calvaire.*

Composition de nombreux personnages.

ÉCOLE FLORENTINE

72 — *Portrait de patricienne.*

En costume brodé du xvi° siècle et parée de joyaux.

Représentée en pied, de face, la main droite appuyée sur une table avec tapis rouge, tenant une lettre dans l'autre main.

ÉCOLE FRANÇAISE

73 — *Portrait présumé de Mme de Polignac.*

Coiffure haute avec plume, robe de gaze décolletée garnie de rubans bleus.

ÉCOLE FRANÇAISE

74 — *Portrait de femme.*

Avec fleurs dans les cheveux ; de l'époque de la Révolution.

ÉCOLE FRANÇAISE (xviii° siècle)

75 — *Portrait d'une grande dame en Diane chasseresse.*

Robe de satin bouton d'or avec cuirasse et draperie rose.

Cadre en bois sculpté et doré ancien.

ÉCOLE FRANÇAISE

76 — *Portrait de femme.*
> Pastel ovale.

ÉCOLE FRANÇAISE

77 — *Portrait de femme en costume 1830.*
> Pastel.

ÉCOLE FRANÇAISE

78 — *La Femme au manchon.*
> Pastel.

ÉCOLE FRANÇAISE (xviiie siècle)

79 — *Portrait de femme en robe blanche.*
> Petit pastel.

ÉCOLE FRANÇAISE (xviiie siècle)

80 — *Femme auteur.*

ÉCOLE DU XVIe SIÈCLE

81 — *La Vierge, l'Enfant et saint Jean.*

ÉCOLE DU XVIᵉ SIÈCLE

82 — *Portrait de femme en robe rouge.*

ÉCOLE GOTHIQUE

83-84 — *Scène de la vie du Christ et la Résur-
rection.*

Volets de diptyque.
Deux pendants.

ÉCOLE ITALIENNE

85 -- *Le Serpent d'airain.*

Composition de nombreuses figures.

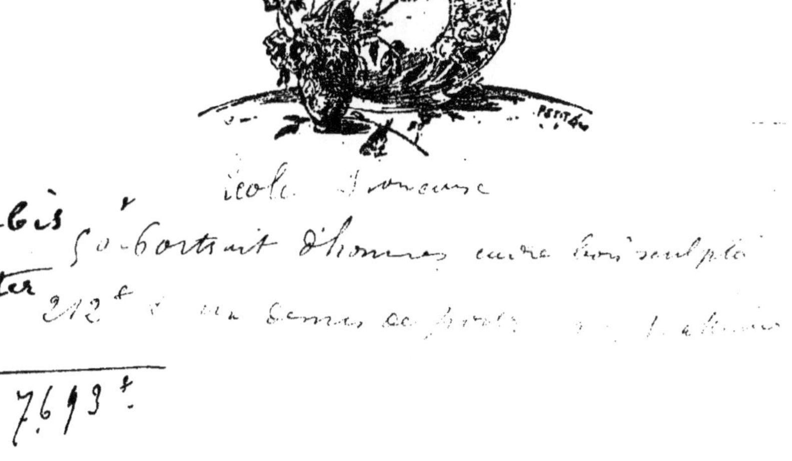